52 × Paarzeit

MIT DIESER SCHATZBOX HALTET IHR NICHTS WENIGER ALS EIN GANZES JAHR VOLLER AUFREGENDER GEMEINSAMER UNTERNEHMUNGEN IN DEN HÄNDEN. WORAUF WARTET IHR NOCH?

Diese Karten gehören

W0356720

Wie es geht

Nehmt euch für jede Woche des Jahres eine Karte vor. Auf der Vorderseite gibt's die Idee für eine Aktivität, auf der Rückseite ist Platz zum Festhalten eurer Erlebnisse. Ihr habt etwas besonders Cooles erlebt? Teilt eure Begeisterung doch bei Instagram unter #schatz_box. Und denkt daran: Die besten Erfahrungen macht man oft außerhalb der Komfortzone. Auf geht's!

SCHATZBOX – NICHTS FÜR COUCHPOTATOES

Von Katharina Isaak

Herausgegeben von der Langenscheidt-Redaktion

PROJEKTLEITUNG UND REDAKTION:
Julia Zweigle und Andrea Freier
AUTORIN: Katharina Isaak
VERFASSEN DER KARTENRÜCKSEITEN UND LEKTORAT:
Katharina Käding

GESTALTUNG: Groothuis. Gesellschaft der Ideen und Passionen mbH, Hamburg | www.groothuis.de
DRUCK: Longo AG, Bozen, Italien
CORPORATE DESIGN LANGENSCHEIDT: KW43 BRANDDESIGN, Düsseldorf

BILDNACHWEIS:
Alle Bilder von shutterstock.com

www.langenscheidt.com

ISBN 978-3-468-75212-4

18010

Wolken-kuckucksheim

Legt euch rücklings auf eine Wiese und schaut hoch in den blauen Himmel. Was seht ihr in den Wolken? Zuckerwatte, Einhorn-Herden oder das Gesicht eurer Schwiegermutter? Erzählt euch aus dem, was ihr seht, eine Geschichte. Mit Happy End natürlich.

Ihr habt soeben den Plot für einen neuen
Bestseller-Roman erfunden?
Das ist die Gelegenheit, ihn zu verewigen!

Landpartie

Lasst den Zufall entscheiden, wohin euer Wochenendausflug geht: Nehmt eine Karte eurer Umgebung, schließt die Augen und tippt mit dem Finger drauf. Egal, ob er auf einer Großstadt landet oder auf der völligen Einöde – hin da! Es gibt überall etwas zu entdecken.

Der Zufall hat uns nach

__________________ geführt.

Dort war es sehr

____

und es gab __________________

____

____

zu entdecken. Da wollen wir

____

______________ nochmal hin!

____

____

____

Nachbars Kirschen

Das ist eine Anstiftung zum Raub. Zum Mundraub, um genau zu sein. Wie wäre es mit ein paar Kirschen im Vorbeigehen? Oder einem beherzten Sprung zum überhängenden Apfelbaum-Ast? Und dann schnell so tun, als wär nix gewesen.

Hand aufs Herz: Wie habt ihr euch gefühlt?

○ Schlecht – wir sind doch keine Diebe!

○ Peinlich

○ Voller Adrenalin

○ Stolz wie Oskar

○ Wieder wie ein Kind!

Alles voll Heu

Wer es als Kind nie gemacht hat, hat zumindest davon geträumt: eine Nacht auf dem Heuboden zu verbringen. Sucht euch einen Bauern mit Sinn für Humor und schnappt euch eure Schlafsäcke. Wenn ihr Glück habt, seht ihr sogar den Sternenhimmel.

Süße Träume!

Na, hat sich ein wenig Heu in euren Haaren verhakt?

Klebt es als **Beweis** und
als Erinnerung an diese Nacht
hier ein!

Hopp, hopp, hopp

Es ist bestimmt kein Geheimnis, wer von euch der Schnellere ist. Aber gilt das auch für Sackhüpfen? Wem der Weihnachtsmann nicht zufällig ein paar seiner riesigen Jutesäcke dagelassen hat, nimmt einfach Gartenabfallsäcke für den ultimativen Hüpf-Contest.
Auf die Säcke, fertig, los!

Und der Gewinner ist:

Aber Hand aufs Herz, egal ob Gewinner oder Verlierer: Wie war's?

- ○ Spaßig
- ○ Gar nicht mal so einfach!
- ○ Anstrengender als gedacht
- ○ Eher peinlich

Zungenarbeit

Kirschen sind nicht nur zum Essen da, sondern auch zum Spucken. Tretet gegeneinander zum Kirschkernweitspuckwettbewerb an und findet heraus, wessen Zunge es am weitesten bringt!

Nicht höher,
nicht schneller: weiter!

Und der Gewinner ist:

Herzlichen Glückwunsch!
Hier ist Platz für deine Siegerrede.

Underwater Love

Auch wenn es der Traum eines jeden Mädchens ist, einmal eine Meerjungfrau zu sein – was wäre die Nixe ohne ihren Nixenmann? Besorgt euch Meerjungfrauenflossen (gibt's auch im Verleih) und erschwimmt euch euer Königreich.

Lang lebe das Königspaar!

Hier habt ihr Platz, euer Unterwasser-Abenteuer zu illustrieren.

Per Anhalter durch die Galaxis

Auch wenn Daumen raus nicht mehr ganz von dieser Welt ist – es muss ja nicht gleich ein anderer Planet sein, zu dem ihr euch mitnehmen lasst. Postiert euch an einer Landstraße oder einer Tankstelle und findet einen Fremden, der euch ein Stück weit mitnimmt. Der Weg ist das Ziel!

Sicher, dass euer Fahrer von diesem Planeten war? Oder hatte er vielleicht doch irgendwo seinen dritten Arm versteckt? Lasst eurer Fantasie beim Zeichnen freien Lauf!

Miese Muscheln?

Macht aus eurem Strandspaziergang eine Muschel-Suchaktion: Am besten gleich mit Eimer oder Tüte loslaufen! Nein, nicht für zu Hause. Sondern für eine Botschaft ans Universum. Oder eine Liebeserklärung. Oder …? In schönen großen Muschelbuchstaben.

Klebt hier ein Foto von
eurer Muschelbotschaft ein!

Dem Himmel so nah

Ihr genießt die laue Sommernacht und denkt nicht im Traum an euer Bett? Nehmt einfach eure Decken mit nach draußen und bettet euch auf eure Liegestühle, Isomatten oder Luftmatratzen. Wer weder Balkon noch Garten hat, sucht bei Freunden Unterschlupf. Vielleicht wird sogar 'ne Party draus!

Was für eine Nacht!

○ Das müssen wir unbedingt wiederholen!

○ Müssen Vögel so verdammt laut zwitschern?

○ Das war Romantik pur!

○ Zuhause im Bett schläft es sich doch am besten.

○ Das war gar nicht mal so bequem.

Selfie Time

Mit dem Smartphone Pärchen-Fotos machen kann jeder. Aber unter Wasser? Besorgt euch eine wasserdichte Einwegkamera und fotografiert euch, während ihr euch küsst. Im Freibad, im Meer – oder im Plantschbecken.

Cheese!
Nein, Quatsch: Knutsch!

Hier ist Platz für euer ganz
besonderes Pärchen-Bild.

Hüttengaudi

Erfüllt euch den Traum vom eigenen Haus (oder tut es einfach ein zweites Mal) und baut eine Hütte im Wald. Benutzt dazu nur, was ihr dort findet – Stöcke, Reisig, Moos, … – und als Werkzeug nur eure Hände. Stolzgeschwellte Brust garantiert!

Das muss festgehalten werden!
Klebt ein Foto von eurer Waldhütte ein.

Tropfnass

Es regnet, es regnet, die Erde wird nass, und ihr gleich mit! Ob tanzend, knutschend oder durch Pfützen hüpfend – feiert den Regen mit Haut und Haar.

Geht auch ohne Regenjacke!

Hand aufs Herz: Wie habt ihr euch gefühlt?

- ○ Ganz frei und unbeschwert!
- ○ Nass, hauptsächlich
- ○ Nicht spektakulär
- ○ Mit der Natur verbunden

Strandsation

Macht euch gegenseitig zu einem Kunstwerk aus Sand: Loch buddeln, reinlegen und wieder zubuddeln lassen (natürlich ohne Kopf, wir spielen hier ja nicht Kill Bill). Formt eure Körper mit Sand nach oder verpasst euch gleich einen ganz neuen Look à la Meeresungeheuer.

Arielle oder doch eher Nessie?

Hier ist Platz für Fotos von euren Kunstwerken.

Engel sein

Verewigt euch im Schnee, wenigstens für eine kleine Weile. Einfach flach auf den Rücken legen und Arme und Beine wie ein Hampelmann durch den Schnee hoch und runter bewegen. Schon habt ihr sie, eure Schneeengel. Wem das zu lahm ist, macht's halt im Badedress.

Wer ist der schönere Engel?

Klebt hier ein Beweisfoto ein!

Dirrrty

Macht's wie Christina Aguilera oder die Damen vom Schlammcatchen: Sucht euch ein schlammiges Plätzchen und macht eine waschechte Sauerei. Geht fabelhaft an See- und Flussufern, natürlich aber auch mit der Moorpackung für zu Hause.

Flüchtet nach eurer Schlammschlacht nicht zu schnell unter die Dusche – haltet hier vorher als Beweis ein wenig Dreck fest!

Table-Dance

Spielt eure Lieblingssongs und tanzt dazu – aber auf dem Tisch. Sollte der Platz knapp werden, ist eben Engtanz angesagt.

Na, ausgetanzt?

Schreibt hier als Erinnerung eure Playlist auf und kommentiert ggf., zu welchem Tanz die Lieder euch inspiriert haben:

Überraschung!

Sorgt für einen kleinen Adrenalinstoß und schubst euch gegenseitig in einem unerwarteten Augenblick ins Wasser. Los geht´s mit der Challenge. Wer zuerst ins Wasser plumpst, hat verloren! Macht hundert Prozent gute Laune. Und noch mehr, wenn man drüber lacht!

Wen hat es erwischt?

___

Würdest du dich trauen, es noch einmal zu tun?

○ Unbedingt!

○ Nicht, wenn mir mein Leben lieb ist.

○ Das muss ich mir noch überlegen.

Wie habt ihr euch dabei gefühlt?

○ In die Kindheit zurückversetzt

○ Albern

○ Nicht anders als sonst!

Die Luft ist raus

Haut euch den Bauch voll mit Kohlensäure und vergesst für einen Augenblick eure Manieren. Gläschen, Gläschen in der Hand, wer macht die schönsten Rülpser im ganzen Land?

Schulz! Wer hat gewonnen?

Verrate hier deine Tricks für den ultimativen Rülpser:

Treffer, versenkt

Der erste Schnee ist gefallen. Aber wer von euch wirft den ersten Schneeball – und trifft?

Die erste erfolgreiche
Schneeball-Attacke glückte

________________.

Dann wurde eine

________________ Schlacht
entfacht. Wir hätten nie gedacht, dass

____

________________________.

Wenn das nächste Mal
Schnee fällt, ________________

____

____

________________________!

Kleine Strolche

Wisst ihr noch, der Klingelstreich? Beliebige Türklingel drücken und Beine in die Hand nehmen. Lasst euch nur nicht erwischen!

Wir haben uns ein Haus in der/im

____

______________________ ausgesucht.

Als wir davonliefen, haben wir uns

gefühlt wie ______________________

______________________________.

Wir hätten nicht damit gerechnet, dass

____

______________________________.

Das wollen wir

____

______________ wiederholen!

Bombenalarm

Man kann sie gegen Wände werfen oder auf einander, vom Balkon fallen lassen oder als Boule-Kugeln benutzen. Wasserbomben eignen sich für jedes Temperament. Macht was draus!

Feuer frei!
Seid ehrlich: Was habt ihr draus gemacht?

- ○ Die Wasserbombenschlacht des Jahrhunderts!
- ○ Die witzigsten Streiche seit Max und Moritz.
- ○ Eine neu erfundene Sportart.
- ○ Randale!

Freier Fall

Geht gemeinsam an eure Grenzen und bucht einen Fallschirmsprung. Für alle, die festen Boden unter den Füßen brauchen, gibt es Freifall-Simulatoren. Zum Blut Lecken!

Ein solcher Adrenalinschub kann Gefühle auslösen, die man einfach rauslassen muss! Formuliert sie hier:

Rooftop Party

Macht es wie die Großstadt-
bewohner: Funktioniert euer Dach zur Sonnenwiese um oder sucht euch eins, das ihr erobern könnt. Aber bloß nicht vom Spitzdach krachen!

Heute haben wir eine

______________________ Party geschmissen,

und zwar auf dem Dach von

______________________________________!

Wir hatten eine

___________________________ Aussicht auf

______________________________________.

Es herrschte ____________________

____

Stimmung. Das würden wir

____

____

noch einmal machen!

Adam und Eva

So ohne alles badet es sich doch am schönsten. Und dafür müsst ihr nicht mal an den FKK-Strand: Einfach spät abends an den See eurer Wahl fahren, schnell runter mit den Klamotten und rein ins Wasser.

Hand aufs Herz: Wie war das?

- Ein wunderbares Gefühl!
- Ein bisschen unangenehm.
- Romantik pur!
- Mehr als nur ein bisschen unangenehm …

Nächtlicher Nervenkitzel

Das Highlight jeder Klassenfahrt ist zurück! Nein, nicht die heimlichen Besuche in den Zimmern der Mädchen, sondern: die Nachtwanderung. Schnappt euch eine Taschenlampe (und vielleicht eine Dose Pfefferspray) und ab in den nächstgelegenen Wald mit euch. Gegen Angst hilft exzessives Händchenhalten.

Insgesamt sind wir über

____________________ lang durch den Wald

gewandert. Dabei haben wir auf ganz

____

____

Weise Händchen gehalten. 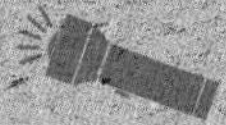

____________________________ hatte eindeutig

die meiste Angst, aber

____

hat ihn/sie todesmutig vor

__________________________________ beschützt.

Auf der Flucht

Schafft ihr es, eine Revolution anzuzetteln? Einen Anschlag zu vereiteln? Den Tresor zu knacken? Hier geht es ums Ganze – und darum, mittels Lösen von Aufgaben aus dem Zimmer zu kommen, in dem man festsitzt. Live Escape Games gibt es in jeder größeren Stadt. Aber Vorsicht, Suchtgefahr!

Sobald das Adrenalin etwas nachgelassen hat, könnt ihr hier als Erinnerung ein Eintrittsticket einkleben und eure Mission kurz skizzieren!

Außerhäusiger Verkehr

Die Vögel zwitschern, die Sonne scheint, das Gras wogt sich im Wind, und ihr wogt euch mit: Verlegt euer Schäferstündchen doch mal in die Natur. Aber haltet im Vorfeld die Augen offen, ihr wollt schließlich nicht zur Erregung öffentlichen Ärgernisses werden. Oder etwa doch?

Das war echt

____.

Wir hätten nie gedacht, dass

____

____.

Aber letztendlich

____

____

____.

Das sollten wir ____________________

____________________________ wieder tun!

Bierpong

Für das beliebteste Studentenpartyspiel braucht ihr nicht mal eine Party. Sondern nur: einen Tisch, Tischtennisbälle und mit einem Schluck Bier gefüllte Pappbecher, die ihr auf die kurze Seite des Tisches stellt. Jeder von euch steht auf einer Seite, dann wird abwechselnd geworfen. Jeder getroffene Becher wird getrunken. Na dann Prost!

Und der Gewinner ist:

____

Herzlichen Glückwunsch!

Schneller betrunken war:

____

Mehr Konzentration legte unabhängig

vom Sieg ______________________

______________________ an den Tag.

Wie sieht's aus: Gleich noch einmal ○

oder eher nie wieder? ○

Brief-
freundschaft

Schreibt jeweils auf einen Zettel, warum ihr so gern mit dem anderen zusammen seid. Jetzt wird der Zettel zusammengefaltet (Briefgeheimnis!) und irgendwo in eurer Wohnung versteckt (nicht lunschen!). Wenn ihr den euch gewidmeten Brief irgendwann zufällig findet, ist der Tag garantiert gerettet.

Unsere Gefühle

niederzuschreiben, hat uns

______________________________.

Wir sind schon sehr gespannt,

____

____

Das Briefeschreiben hat uns

dazu inspiriert, ______________

____

______________________________.

Lippen-bekenntnisse

Kussmünder auf Liebesbriefen sind vielleicht der allerletzte Kitsch – auf dem Körper aber Spuren eurer Zärtlichkeit. Oder eben dafür, dass ihr euch für nix zu schade seid. Also tragt eine extra-dicke Schicht roten Lippenstift auf und knutscht euch ab, was das Zeug hält. Ü-ber-all.

Und weil ihr gerade so schön in Fahrt seid,
könnt ihr hier direkt weitermachen!
Hinterlasst Kussspuren, bis die Karte voll ist.

Farbknall

Paintball Light? Oder lieber Vorgeschmack auf das nächste Holi-Festival? Mit Kreidebomben bekommt ihr zwei in einem. Kann man kaufen oder – macht mehr Spaß – selber machen. Und dann krachen lassen!

Regenbogen-Alarm!

Ein T-Shirt als Erinnerung wie beim Holi-Festival, ist's zwar nicht, aber immerhin habt ihr diese Seite, um sie mit Farbresten zu verschönern!

Bis die Federn fliegen

In Betten soll man schlafen, schon klar. Naja, und, ihr wisst schon. Ganz manchmal aber, da muss man da eine richtig fette Kissenschlacht anzetteln. Bis die Federn fliegen.

Das war nicht als Metapher gemeint!

Klebt hier zum Beweis eurer rigorosen Schlacht ein paar Federn ein.

Absolute Beginner

Ihr geht Biken, Klettern, Schwimmen … aber habt noch nie zusammen Squash gespielt? Oder seid über die Slackline balanciert? Oder wart Stand-up paddeln? Sucht euch eine Sportart, die ihr beide noch nicht beherrscht, und werdet gemeinsam Meister darin.

Sport ist Mord? Nicht für euch!

Berichtet hier, für welche Sportart ihr euch entschieden habt und wie das erste gemeinsame Training für euch war:

Peinlich, peinlich

Wir alle haben Dinge, für die wir uns schämen. Ob Kleinigkeiten wie die Warze am Finger oder echte Vergehen wie der beschubste Kollege – ausatmen, einatmen, aussprechen. Jeder eins. Wenn's schwer fällt, schreibt es auf und gebt es euch zu lesen.

Schämt euch nicht!

Je nachdem, wie umfangreich eure Bekenntnisse sind, könnt ihr hier beide oder nur eines eurer Wahl niederschreiben:

Ponyhof

Heute wird geritten, und zwar auf einem Pferd der Extraklasse. Einer geht auf alle Viere, der andere ist der Reiter und bestimmt, wo es lang geht (und was mit Zügel, Sporen oder Gerte ist). Nicht vergessen: Jeder will mal oben sein!

Hoppe hoppe Reiter, wenn er fällt, dann …

○ … schreit er tatsächlich!

○ … lacht er sich kaputt!

○ … rächt er sich in der nächsten Runde.

○ … reicht es ihm erstmal.

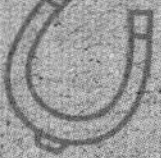

In Touch

Schonmal mit der Hand auf dem Schenkel im Kinosaal gesessen und wild geknutscht? Geht am besten in der letzten Reihe von Nachmittags- oder Nachtvorstellungen – und in Filmen mit miesen Kritiken. Aber wegen der guten Unterhaltung seid ihr ja nicht da, oder?

Nicht, dass einer guckt!

Welcher Film ist es geworden?

Klebt hier als Beweis das Kinoticket ein!

Hand aufs Herz:

Auf einer Skala von 0 bis 10,
wie erotisch war es?

Raus damit

Für die befreiende Wirkung des Schreiens muss man noch nicht mal wütend sein. Was wolltet ihr schon immer mal loswerden? Oder soll es vielleicht der Urschrei sein? Sucht euch einen menschenleeren Ort und lasst es raus.

Wir haben 

____

als menschenverlassenen Ort ausgewählt,

um all unsere ______________

____

herauszulassen.

Das hat ____________________________

____

Gefühle in uns ausgelöst. Wir hätten

nie gedacht, dass ______________

_________________________________.

Wer suchet, der findet

Macht euch auf zur Schatzsuche! Dafür braucht ihr weder eine angeschmorte Schatzkarte noch einen Kompass, sondern einfach nur euer Navi. Auf www.geocaching.de erfahrt ihr, wie es geht und wo der nächste Schatz vergraben ist. Viel Glück!

Na, fühlt ihr euch schon wie Indiana Jones?

Bei welchen Koordinaten habt ihr den Schatz entdeckt? Was hat sich hinter ihm verborgen? Berichtet hier:

Mein Baby war beim Frisör

Verpasst euch gegenseitig einen neuen Haarschnitt. Keine Sorge, ist gar nicht so schwer. Wer stark an der Feinmotorik seines Partners zweifelt, lässt ihn wenigstens an eine einzige Strähne – so viel Mut muss sein.

Wenn das mal kein Vertrauensbeweis ist!

Klebt hier je eine abgeschnittene Haarsträhne ein und kommentiert, welchen feschen Haarschnitt ihr eurem Partner verpasst habt.

Nagelstudio

Lackierte Nägel sind was Schönes – nicht nur für die Frau, wie so einige Profi-Fußballer in der Vergangenheit bewiesen haben. Verwandelt euren Tisch in ein Nagelstudio und pinselt euch gegenseitig die Finger- oder Fußnägel an.

Habt ihr etwa Blut geleckt?

Haltet hier Pinselstriche von euren verwendeten Lacken fest und gestaltet so das Logo eures zukünftigen Nagelstudios!

Wilde Zeiten

Packt Zelt, Schlafsäcke, Isomatten ein und ab in die Wildnis. Ob gleich vor eurer Haustür, am Meer oder in den Bergen – geschlafen wird nicht auf dem Campingplatz, sondern da, wo ihr seid. Wem das Gesetz Sorgen macht, weicht ins Ausland aus: In vielen Ländern Europas ist Wildzelten erlaubt.

Wo seid ihr gelandet?

____

Dort war es ______________

____

und wir haben uns sehr ____________

____

____

gefühlt. Das Wetter war

______________ und wir konnten

____

schlafen. Das wollen wir

______________ wiederholen!

Über Kopf

Schmetterlinge im Bauch wie beim ersten Date – das geht nur auf der Achterbahn. Frönt der Liebe beim Looping mit gellenden Schreien und schwitzigen Händen.

Hand aufs Herz: Wie habt ihr euch direkt danach gefühlt?

- ○ Großartig! Gleich nochmal!
- ○ Schlecht. Hoffentlich bleibt das Frühstück drin!
- ○ Ganz okay – kann man mal machen.

Doggy-Style

Weckt das Tier in euch und
esst heute mal ohne Hände.
Ganz richtig, nur mit dem
Mund. Und ja, ihr dürft euch
schmutzig machen. Genau das
ist der Plan!

Ein solch außergewöhnliches Bild von euch habt ihr doch sicherlich noch nicht – wird also höchste Zeit! Haltet die Sauerei fest und klebt das Foto hier ein.

Like a Rolling Stone

Fast wie Achterbahn ...

Lasst euch einen Hügel runterrollen – ohne Rücksicht auf Klamotten und Frisur. Wetten, ihr bekommt danach das Grinsen nicht mehr aus eurem Gesicht?

Hand aufs Herz: Wie habt ihr euch dabei gefühlt?

- Frei und sorglos wie ein Kind!
- Schwindelig
- Unspektakulär
- Mit der Natur verbunden
- Wie auf Drogen (das hätten wir nicht erwartet)

Wir waren hier

Falls ihr das erhebende Gefühl, zusammen einen Berg bestiegen zu haben, noch nicht kennt: Holt das nach. Falls doch: Steigert euch um ein paar Höhenmeter. Aber vergesst nicht, ein „Wir waren hier“ da zu lassen. Bastelt eine Fahne oder ritzt etwas in einen Stein – Hauptsache, die Welt weiß Bescheid.

Vergesst nicht, diesen besonderen Moment festzuhalten! Klebt hier ein Foto von euch auf der Spitze des Berges mit eurem „Wir waren hier“-Zeichen ein.

So, wie ich das sehe …

Ob Haiku, Ode oder schnöde Prosa in drei Worten: Nehmt euch zehn Minuten Zeit und schreibt jeweils einen kleinen Text über den anderen. Über seine besten Eigenschaften und seine schlechtesten, seinen Ordnungssinn oder seine laute Lache. Dann wird vorgetragen.

Das darf nicht in Vergessenheit geraten!

Haltet hier ein Best-of eurer Texte fest:

Wasser marsch!

Ein Tag am Strand ohne Wasserpistolenschlacht? Eure zehnjährigen Ichs hätten vermutlich laut „Buuuuh" gerufen. Gebt eurem inneren Kind Futter und besorgt euch die besten Kanonen, die ihr finden könnt. Und dann wird gespritzt, was das Zeug hält!

Diese Schlacht wird in die Geschichte eingehen!

Zumindest in eure persönliche.
Hand aufs Herz, wie war's?

○ Aufregend

○ Der ausgelassenste Spaß seit Langem

○ Irgendwie doch sehr kindisch

○ Nichts Besonderes, aber kann man mal machen

Erst zwei, dann drei, dann vier

Jonglieren sieht nicht nur witzig aus, sondern ist auch noch gut für die Koordination. Übt zusammen, bis ihr es draufhabt – oder einen weiteren Ball dazu nehmen könnt.

Na, schon bereit, beim nächsten Kindergeburtstag als Clown einzuspringen?

Berichtet hier, wie es euch beim gemeinsamen Üben ergangen ist:

Geile Karren

Träumt ihr auch hin und wieder von einem dieser Autos, die ihr euch vermutlich nie werdet leisten können? Euer Kontostand sollte euch nicht daran hindern, mit so einem durch die Gegend zu cruisen – denn eine kostenlose Probefahrt ist für jeden drin.

Ihr habt Style und das Geld?

Zumindest könnt ihr so tun, indem ihr vor eurer geilen Karre posiert, wie es die ganz Coolen tun! Klebt das Beweisfoto hier ein.

Goldene Zeiten

Macht es wie die Formel-1-Gewinner und begießt euch hedonistisch mit Champagner, wenn es was zu feiern gibt. Zur Not tut es auch ein Sekt. Dann aber wenigstens richtig schütteln!

Was ist es geworden – etwa ein ganz edler Champagner?

Löst das Etikett von der Flasche, um es hier als Erinnerung festzuhalten!

Uuuups! Keine Karten mehr?

Keine Sorge, es gibt noch weitere Schatzbox-Editionen. Und mit ein bisschen Glück könnt ihr diese sogar gewinnen. Wie? Geht einfach auf www.langenscheidt.com/schatzbox-gewinnspiel und beantwortet unsere Gewinnspiel-Frage.

Damit eure nächsten Paarzeit-Fotos gesichert sind, gibt's außerdem eine Polaroid-Kamera von Fujifilm zu gewinnen. Wir drücken euch die Daumen! Und denkt dran, solltet ihr nicht unter den Gewinnern sein: Pech im Spiel, Glück in der Liebe.